# 神々の試練
## 世界のシャーマンに認められた男
――中年期――

# まえがき

洋菓子店「菓子の木」が倒産する寸前の状態から、農協の西島さんのお陰で何とか念願の伊豆高原に自宅をかねた店を得る事になったのは、一九八七年、私が三十七才のときだった。

出来上がった自分の家を見たくて、夜だけど一人で伊豆高原に向かった。まだ電気も通っていない家の前に車を停め、ヘッドライトに浮かぶクリーム色の洋館を見つめながら、

「あーーこれから、この城を守ってお菓子を作りながら一生を費やすんだな」と考えた。

まさか、そのお菓子屋を閉めて、全然違う事を始めるなんて。その時は夢にも思わなかった。

目次

まえがき

## 第五章　試練の始まり

墜落、落下　6
初めての神の啓示？　15
大室山磐長姫《イワナガヒメ》の急襲　24
野外イベント木精《こだま》　33
南米の秘薬、アヤワスカ　43
深い瞑想の先は　53

## 第六章　前世療法

前世療法　パート1　64

目次

前世療法　パート2　75
前世療法　パート3　86
前世療法　パート4　94


## 第七章　マクロバイオティック

マクロバイオティックとの出合い　106
久司道夫先生　113
クビ　120
マクロバイオティックで発想したこと　123

# 第五章　試練の始まり

# 墜落、落下　一九九二年

小さい頃から空を飛ぶ夢はよく見た。皆の頭上を羽ばたきながら飛ぶ夢を見る。

私もそうだが、人は羽もないのに空を飛びたい気持ちがある。だが、羽が生えているわけでは無いので羽ばたく事は出来ない。

パラグライダーも羽ばたく事は出来ないのである。

四十二歳の五月、朝から、かみさんとつまらない事での口喧嘩でその日は始まった。そのつまらない喧嘩を払いのけようとパラグライダーを肩に担ぎ、車に乗って、装備をチェック、無線機を忘れている事に気がつきシブシブと家に……とりに戻った。

玄関を開けたら、そこにかみさんが突っ立っていて、目が合った

「ねえ、今日は一緒にどこかに行かない?」と珍しく誘われたが、心の中で「ふざけんなよ」と思って「行かねえ!!」と言った。

車に戻り、さあ出かけるぞと思って、車のエンジンをかけたら今度はガソリンが無い事に気がついた。

「何で？　こうなんだ」と、イライラしながらスタンドへ給油しに向った。「ああー、今日はすべり出しが悪いなあ」と思いながら再度、装備のチェック。足元を見たら、フライト用の靴を忘れた事に気がつき、また、家に戻る事に……。

まだ、かみさんは家にグズグズしていて、私の顔を見るなり、「本当に行かないの？？」と私に言った。

「しつこい!!」と言い放ち、靴を持って階段を大きな音をたてながら降りて車に乗り、必要以上に強く車のドアを閉めた。自分でもびっくりするぐらい大きな音が、「バーーン」と鳴った。

今日は休みなので一日、フライトするつもりだったので、稲取の三筋山に行く予定にしていたが、時間が遅くなったので家の近くの大室山に向かった。

大室山のリフト乗り場の駐車場に車を停め、グライダーを担ぎリフト券売り場の窓口に。お金を払おうとしたら財布を忘れた事に気がついた。

「今日は……なんで……こんな日なんだ……出足が悪かったからだ」

こんな事になっているのは……かみさんの……せいだ、と思いながら車まで戻ったが……財布は無かった。

ダッシュボードを探したら、五〇〇円銀貨が出てきたので、ちょっと大きな声で「ラッキー」と大きな声を出して悪い流れを変えようと、叫び声をあげた。

リフトで頂上に向かって上がっていく時、心の中で「楽しくなってきたぞ、楽しいぞ」と自分に言い聞かした。

頂上に着き、風を確認しつつ足早にテイクオフに向かう。南の斜面で、仲間がもう飛ぶ準備を始めていた。

「北の風じゃないの?」と仲間に声をかけた。自分の判断では今日は北の風だと思ったので北の斜面に行って、風を確かめた。

飛ぶ時の自分の鉄則として、必ず風は自分でチェックするのだ。そうしている間に南の風に変わって、大急ぎで南の斜面に移った。南の斜面の上空ではもうすでに二人が飛んでいて、その飛行状態を見たら風の状態は良かった。

飛び立つ場所（テイクオフ）である山頂の周りには、飛んでいるパラグライダーを見学する観光客が多く集まっていて、見ている。

今日は見物客がいつもより多い。

その人達の間を割って、南の斜面にグライダーを広げた。

さていよいよ飛び立とうと……したら、

「すみません、これ、前に飛んで行った人の忘れ物じゃないですか？」

と見物客の一人が声をかけてきた。

見たら、パラグライダーのパーツで、アクセレーターと言うパラグライダーを加速するための四〇㎝ぐらいのアルミの棒だった。

口の中で小さく「チッ」っと舌を鳴らしながら、口では「ありがとうございます」と言って、それを受け取り、どうするかと考えた。

普通だったら、必ず、背中のバッグに入れるが、今日は朝から何回も何回もやり直しと言おうか、よく判らん事が何回もあって、うんざりしていたこともあって、横着してハーネスと言うパラグライダーの腰掛みたいなところに結わえつけて……飛び出した。

ちょっとバランスを崩しながらヨタヨタとテイクオフ。

何とか空に浮かぶことが出来た。

右手のコントロールラインを引き、右ターンをして、山の南の斜面のふちまで飛んで、左手のコントロールラインを引き、左ターン、左側の北斜面に向かった。

北の斜面のふちまで行って、右ターンをしようと右手のコントロールラインを引いた。その瞬間、グライダーがズッと止まった。

「エッ、何で?」左側のラインの部分を見たら、さっき結んだ、アクセレーターの棒がラインに絡まってロックしていた。

「やってしまった」と思った瞬間、グライダーは力なくしぼみ、揚力を失いクシャクシャと音を立てながら。

ヒュー－と頼りない音をたてながら落下していく。

高度は十五ｍぐらいある。地面に叩きつけられるように落ちていく。寸前まで見えていたが次の瞬間、気を失った。


気がついたら、横たわっていて、足を見たら、靴底が見えた、「ナニッ、どうして靴底が見えるの？」

靴が脱げたのかなと思ったが……中身は存在していた。足首の骨折だった。

その状況をこれから飛び出そうとしていた仲間の木村君が見ていて「だいーじょうーぶー」と声をかけてきた。

「足、折っちゃった」

「エッ本当?？」

「ウン!!　本当」

息を荒立てながら、木村君とビジターのおとこの人がそばに来てくれた。折れている私の足を見て、木村君の顔色が真っ白に変わった。

「足を縛ってくれない?」

と言ったら、真っ白になっている顔を横に小刻みに震わせ
「無理」と答えた。

「そうか！　こんなの！　あまり、経験が無いから、出来ないか。じゃあ、どこからか、木の枝を探してきて、それと、バッグに入っているロープを出して」

フライヤーは誰でもツリーラン（木に引っ掛かる事）用にいつもロープを積んでいる。

数分して木村君が息を切らしながら帰ってきて「これでいい?？」。手

には四十㎝ぐらいの木の枝を持ってきてくれた。

その枝とこの惨事のきっかけ？　をつくったアクセレーターのアルミ棒を添え木にして、折れている足首をロープでぐるぐる巻きにした。

「じゃあ、運んで」と頼んだ。

木村君ともう一人の仲間が両肩を抱えて頂上に上げようとしてくれたが、大室山の傾斜はきついので二人とも息を切らして必死に上げようとしているが、あまりにもきつそうなので……

「ちょっと待って、自分で歩いてみるよ」と言って、仰向けの体勢で自分でダメージのない足で頂上の遊歩道まで上がった。

そこから木村君と友人が二人で抱えてくれ、何とかリフトに乗せてくれた。リフトに乗って、下り始めた時、救急車のピーポーピーポーと言う音が聞こえた。

四か月半の入院生活をする羽目になった。

何故こんな事になってしまったのか？

事故の事を分析して、考えてみると、その事故を起こすまでに何回もの警告が出ていて、私自身がストップをかけられている事に気づかなかっただけなのだ。

滅多にかみさんと喧嘩にはならない。

滅多にかみさんが遊びに誘わない。

無線機はいつもフライトバッグの中に入れているので、忘れる様な事が無いのに、その日に限って入っていなかったのだ。

何回も何回も飛ぶのを止めるような事がおきている事に気づけなかった。それで、事故につながってしまった。

災難に遭う前に、必ず虫の知らせや嫌な予感と言うものがあるのだ。それに気づかず自分の欲、他の条件に合わせてしまうのが人間だが、その欲だけで行動を起こすと、災難に見舞われる。

痛みと共に……いい教訓を得た。カミさんの言う事は（神さんの言う事は）聴くものだ。

## 初めての神の啓示？　一九九四（平成六）年十一月

私は二十七歳の時からフランス菓子屋「菓子の木」のオーナーパティシェだった。伊豆高原のお店は四店舗目で、店は女性誌にしょっちゅう掲載される、そこそこ有名な店だった。

その日は店が休みの日だったんで、稲取の細野高原の三筋山にパラグライダーに行った。

三筋山は一面、ススキ野原で日本全国を回っても、これぐらい広い草原は無い。ともかく、すごい草原なのだ。

そこの頂上からパラグライダーは飛び立つ。頂上からランディングエリアまで直線で一・七㎞くらいある、日本でも有数なフライトエリアなのだ。

その日は天気も良く、十一月の秋晴れで空気も澄んでいて気持ちが良かった。

頂上の駐車場まで車で急坂をあがる。その駐車場から見える景色はススキの草原がどこまでも続き、視界を遮るものはない。

その向こうに太平洋の相模灘の水平線が丸く見える。地球は丸いなあと感じる事ができるぐらいだ。そこの水平線に伊豆七島の島々が浮かんでいる。

後ろは天城連山である万二郎・万三郎・箒木山・遠笠山・馬の背の山々が雄大に見える。

遠くには私の大好きな大室山や矢筈山も見える。

車を止めグライダーを担ぎ、「さあ行くか」と頂上までの階段を昇った。頂上には数人の仲間達がいて声をかける。

「おはようーー」

「今日も気持ち良く飛ぼうぜ」

「オッス」

細野高原のフライトエリアの責任者の鈴木校長が
「風が、まだ山おろしでフォローだよ、もうちょっとで風が変わるから」

と言ったので、自分のグライダーをバッグから取り出し準備を始める。

まだフォローの風が、少なくなった。後頭部の毛にフワッフワッと撫でている。パラグライダーはフォロー（追い風）では飛ぶ事が出来ない。

アゲインスト（向かい風）でないと飛び立つ事が出来ない。

そのフォローの風も呼吸をしているので風が変わる事が……肌で判る。

「もうちょっと待とう……それにしても今日の天城連山はなんてきれいなんだろう」


その時、突然、伊豆の観光が……ダメになる（と思った）。いや、声が聞こえたような気がする。

「んっ……何だ？　何を俺は考えているんだ？」

「んっ……今、思いついた事は……一体……何だ？」

背筋からお尻、お尻から太ももの後ろまで……立っていられないぐらいの……鳥肌が立った。

座り込み、身体に着けたグライダーのカラビナをはずした。

「一体、何、考えてんだ……俺は……」

それほど……強烈な発想が……飛び込んできた。


「うーーーん、伊豆の観光って……何だ？」

「……そうだ、伊豆は……この大自然を使った心の癒しと」

「……温泉を使った身体の治療で発展してきた地域じゃないか」

「それを……今、この地域は何をやってんだ」

「この地域に来た人達から……どうしたら……金をむしり盗るか」

この地域に無いような物を使って、見せて……お金を盗って……いる。

許せん……これはダメだ。

次の日、朝三時に起きて、店に出すケーキを作り、七時半に朝食を済ませ、家を出ようとした。

「チーフ、どこに行くの」

「役所!!」

「役所？……何しに？」

「うーーーん……文句を言いに……」

「何で？」

「うーーーん……ムカついたから……」

「ムカついたからって？？」

「なんでも……いいんだ、ムカついたからだ!!」

「どうして？？」

「うーーーん、う・る・さ・い……おめえには……判らん」

会話を切るように止めて、玄関のドアを勢いよく開け、外階段を勢いよく降りて、車のドアも勢いよく閉めて、車を急発進させて……伊東市の観光課に向かった。

生まれて初めて役所なる窓口にたった。

受付の台は腰ぐらいの高さで、民間と役所の間の隔たりを作っている。

その隔たりの向こうにいる人達は……明らかに今まで会話なんぞした事がないタイプの人達の集団で……。忙しそうなのか？　暇そうなのか？　分からない動きをしている。

その隔たりの台に手をつき、あたりを見回す、私の事に気がつかないのか？　それとも……気がつかないふりをしているのか、なかなか目が合わない。

胸が……かきむしられる様な、こみ上げるような感覚があって喉がひりついて頭がカーとなった。

息を吸い込んで絞るように……半分、叫ぶように……言った。

「オイッ……」

私の人生で、民間と役所の隔たりを突き破る最初の一声だった。なるべく落ちついている様なふりをして

「お前ら……おかしいだろ？」

受付台の上にある様々な施設のチラシを手にして
「折角、伊豆に来てくれている観光客の人を」

「よってたかってお金をむしりとってやろうとしている施設を」

「役所が宣伝しているのは」

「おかしくねえのかい」

声が大きかったのか？　それとも言葉が汚くて驚いたのか。周りが水を打ったように静まり返り、後頭部が刺すような緊張と共に静まり返った。

息をもう一回吸い込んで反応を待った。

「何ですか？」

と対応したのは、竹井観光課補佐だった。彼はその後、観光部長までになった男だった。

もう一回、息を吸い込んで吐き出すように
「世の中、からだも心も疲れ果てて、迷っている人たちに……」

「観光地は癒しを与えてあげなくてはならない」

「癒すんだよ」

一九九五年の時代、癒しとか、ヒーリングとか、メディテーションとかを言うと、新興宗教と間違えられてしまう時代だった。

そんな世の中の時代だった時に、いきなり窓口に来て、いきなり訳のわからない言葉を大声で発する私に、窓口で担当してくれた五十代ぐらいの男、竹井課長補佐。眼鏡越しに目をパチパチしながら腕組みをして、おそるおそると口を開いた。

「あ、あんたの言ってるイヤシより、あんたの方がアヤシイなんだよ」

ハッ……？

この人たちに、何万回、言っても、理解は……無理だな、と思ったらドッと力が抜けて、

「今は……判らんだろうけど、そのうち、癒しや、ヒーリング、などが普通に使われるようになるんだよ」

「わかんねえのか？」

と言い放ち、逃げるようにエレベーターのある方に向かった。役所の人達には分かるわけが無い。経験もなければ、そんなところに意識も向けた事が無いのだから。

それから八年後の二〇〇三年、国の事業に、観光の「癒しろ地創世事業」などを含めヒーリング、ヒーラー、チャネリング、メディーション、セラピストなどの言葉が一般的に使われ始め、十年後の二〇〇五年には癒しろグッズなどが街中に溢れ、なんちゃってヒーラー、セラピストが多く存在するようになった。

私はそれらの精神世界は飽きてしまって、第三者にゆだねて治して貰うのではなく、自己治療（セルフケア）の時代へと向かっていた。

これからの時代、医療費で国の経済は大きく揺らぐ。自分のからだは自分で治し、魂とからだの関係を多くの人が知り、魂の浄化のために、まずは自分のからだを最大限に調整していかなければならないと、天城流医学を広げている。

精神世界を深く極めるには、自分の器をきれいに磨き、大きくしなければならない。

## 大室山磐長姫《イワナガヒメ》の急襲　一九九五（平成七）年

一九九五年、肩が痛くて上がらない坂田和人君。彼は当時三十一歳ぐらいだったと思う。アマゾンの写真を撮り続けて、今は、少し休憩の時期でわが家に肩の故障と心の整理をしたいと寄宿していた。

私の住んでいる近所に大室山という女山がある……女山と言う名前は私が勝手に決めている。

ちなみにその近くにある矢筈山というのが男山だと思っている……これも勝手に決めている。

何故かと言うと、女山である大室山は噴火していて、山のまん中に穴がポッコリと開いているからで、矢筈山は今にも火山が噴火しそうな勢いでそそり立っているからである。

その延長上に天城連山がある。

石川さゆりの歌で有名な「天城越え」の天城の山は存在しない。大室山・矢筈山・遠笠山・万二郎・万三郎・馬の背と連峰になっていて、伊豆の屋根みたいな山々を総称して天城と地元では呼んでいる。

大室山には伝説があり、磐長姫が住んでいると言われている。

天孫、邇邇芸命《ニニギノミコト》が、美女、木花咲耶姫《コノハナサクヤヒメ》に求婚した際、姫の父、大山津見神《オオヤマツミノカミ》は大いに喜んだが、木花咲耶姫は美しいけれど身体が弱いので　器量が悪いが身体が丈夫な姉、磐長姫《イワナガヒメ》と共に対《つい》で嫁がせた。

しかし、磐長姫はたいそう醜かったために、大室山に返され、木花咲耶姫だけがとどめられ、妃となった。

返された磐長姫は嘆き悲しみ、落ち込んだ。

それを見ていた天城連山の万次郎、万三郎が磐長姫を慰め、楽しく、暮しましたとさ、と言う昔話がある。

天気のいい日に大室山を登ると、頂上から遠くに富士山が見える。その大室山から富士山の事を「ほめる」と磐長姫が怒って「雨を降らす」と言われている。

私はその大室山が大好きで、伊豆の家にいるときは必ずと言っていいほど朝早く登った。観光リフトの反対側にある、ご神木のある森を抜ける参道を通って、お山に毎朝のように登っていた。

近年は自然保護の為「歩行登山は禁止」となっている。

参道はかなりきつい勾配の山道だ。そのきつい山道を朝暗いうちに登り、噴火口の中にあるイワナガヒメを祀ってある浅間神社にお参りして家に戻って朝飯――それが日課だった。

四十数年前に山の反対側にリフトができたので観光客はそのリフトに乗って登山するようになった。そして正式の参拝道は忘れ去られ、あまり人が通らなくなった。

そもそも参拝道というのは、成り行きで適当に決めるわけじゃない。本来、山岳神事には龍の道というのがあって、それが参拝する道になる。

ちなみに、ＴＢＳの「日本むかし話」というアニメ番組に、子供が龍の背中に乗って空を飛ぶ導入シーンがあるが、あのシーンには意味がある。分かっている人がこしらえたシーンなのだ。

「龍の背のような道を通って登れ」という事なのだ。

聖なる山は祀ってある所から見ると、ちゃんと参拝道の龍の背の道筋が見える。本来はそこを通って尾根伝いの参道を登っていく。

なぜそれが大切なのか。

それは　参道はかなりきつい道が多く、きつい道を登ることで、深い呼吸や丹田と呼ばれている横隔膜を使った身体の動きをするからである。横隔膜を使って動いていくと身体がだんだん覚醒してくる。

身体をすっきり覚醒させて本当の聖地まで行って、そこで、感じるものをいただく。これが山岳参拝の意味なのだ。

むかしの山岳信仰の時代なら、人びとは必ず龍の道の参道を通って参拝に登った。そのことを、坂田和人さんという著名なカメラマンに話したら、大室山の参道にある「御神木」を見たいと言う。

翌朝、行く事になった。

まだ暗いうちに坂田君に声をかけて、起こした。彼はまだ眠そうな顔で三階から起きてくる。

「こんなに早く行くの?」

「うん、かぎろひの時間に」

「かぎろひ?」

「そうだよ、我が家の二階は太平洋の海が見えるだろ。その海から毎朝、日が昇る、その太平洋に水平線上にうっすらと白い線がとおる時間を〝かぎろひ〟と言って、もう少し時間が経って、東の空に雲が見える時間を〝東雲《しののめ》〟と言う。更に日が昇る前で本が読めるぐらいの時間を〝朝ぼらけ〃と言って、日本人はこの日の出の数十分を大切にしたんだよ」

「へえー……何で？」

まだ眠そうな目をしながら坂田君が聞くので、心の中で「ちょっと急がないと、いい時間が過ぎてしまう」と思って、「車に乗りながら話そう」と言いながら玄関に向かった。

大室山までは車で十分ぐらい。明るくなり始めた道を走りながら、私は坂田君に話し始めた。

「この地球のエネルギーは森羅万象の中で夜行性のエネルギーと昼行性のエネルギーがあって、そのハザマで入れ替わる、言わばリセットする時間がこの時間なんだよ」

昔の人達はこのエネルギーの事を肌で感じとって、野菜などはこの時間に採った物と昼間とった物とはエネルギーも味も全く別物だと言う事を知っているから「朝取りとか言って朝露のついた野菜などとこだわるのだよ」

「へえー……そんな凄い事だったんだ」

「それどころか昔から修験者や武芸者などの鍛練はこの時間から始める」

「私は鍛練と言う訳では無いけれど、気持ちがいいので、ほとんど毎朝、この時間に起きて山に登っているんだ」

そんな話をしている間に大室山に着いた。

参道の鳥居をくぐり、砂利道をご神木に向かう。その砂利道を挟んで、右手は自然林でコナラを含むハゼの木や色々な木が生い茂っていて、その木達の葉の間からで明るくなり始めた。光が差し込んで明るいが、左手は杉とヒノキの人工林で陽が差し込まないので暗い、まさに自然界の陰陽の形をとっている。

ご神木のところまで行くと、坂田さんは「わあー、これはすごい、これはまさにご神木だ」と喜んだ。

ご神木のあたりを圧するような威容はまさに神の木というにふさわし

い。深い朝の静寂につつまれ、今にも神が降りてくるような感じがある。ゆっくり、見上げた。大きな枝がまるで私を迎え入れてくれるよう広がっている。

更に上を見上げたその瞬間、おでこに向かって何かの衝撃が「ガツン」と来て、そのまま、お腹の中に入ってくるぐらいの衝撃が……。膝がガクッと来て、おもわず膝が地面につきそうなぐらいだった。何かが……「ズドン」と私の中に入ってきた。

「なんだあ？？――　今のは？」

一緒にいた坂田君がその状況を見ていたらしく、「どうしたの？」と聞く。

「うーーん、ちょっと何が起きたのか判らないけど……」

何かかが……得体のしれない何かが……身体に入ってきた感じがしたのだ。

その日の夕方、お菓子づくりの仕事が終わり、のんびりしていた時、店の電話が鳴った。妙に気になる鳴り方だった。かみさんが電話に出て「はい」「はい」と返事をしている。

いつもだったらこんなに気にならないのに
「チーフ、観光協会の水口さんから——　電話だよ」

電話を取った。

「もしもし　錬堂です」

電話の主は兄の同級生だった水口さんと言う先輩の人で、その時は伊東市観光協会の事務局長をしていた。

すごく親しいので、話口調もぶっきらぼうだ。

「あのな、今年の観光事業の予算に野外向けのイベント費用が一〇〇万円あるんだけど、どこかで野外イベントを企画してくれよ」

即、大室山の神木前でのイベントが思いついた。

この話が自分を四年もの間、大変な事になるとは……思いもよらなかった。

## 野外イベント木精《こだま》

いままでイベント企画などしたこともない私が、音楽イベントを果たして開催できるのか？　考えただけで胃が気持ち悪くなった。

「それでも引き受けた以上やるしかない」と思った。

さてどうするか？

そんな時に友達に下田の黒船祭りに行かないかと誘われた。下田の黒船祭りは、下田にペリーが来た記念の祭りで、その祭りにはいろいろなアーチストが下田に来て、自由にイベントをしている。

お祭りの出店が並んだところから少し外れたところで……彼は……演奏していた。

地味な着物を着こみ、時代劇に出てきそうな貧乏侍の風貌で、これまた貧乏くさい編み笠を被り、力強く津軽三味線を引いていた。周りに人は誰もいないが、一生懸命に弾いている。

聞いていて気持ちが良かったので、演奏している彼の前で思わず……タコのように踊った。

あとで、彼がその時の事を詳しく話してくれたが、踊っていた時の曲は踊るような曲ではないのに……。

編み笠ごしに見える踊りは、今まで見た事が無いような踊りだし、それも、曲に全然合っていない踊り方をするし……。

どうしようか？　困ったなあ、それを言ったら喧嘩になりそうだし、早く、この場から消えて貰いたい……と思っていたらしい。

私はいい気持ちで踊る事が出来ていて幸福感に浸っていた。

演奏が終わった後、「いやあ！！　ありがとう、メチャクチャ気持ちよかった」と握手を求めた。

「あっ……そうですか？　どうも」

「私は錬堂と言います」

「どうも麻呂です。初めまして」

「いやあ!!　いいねえ……」

「………」

暫く沈黙がつづき、麻呂が「どこに住んでいるんですか？」聞いた。

「伊豆高原に住んでる」と言った。

「伊豆高原辺りで音楽イベントを開いてくれる人いないですかねえ」

「いるよ、目の前に……でもやった事が無いんだよ」

「ああーーそれだったら大丈夫です。私、『もも』と言うバンドで活動しているので、日にちと場所さえ設定してくれれば……やれると思います」

そうか、いい出会いだ……何とも言えない爽快感と先が開いた安堵感を感じた。これが音楽アーチストの麻呂、そして「もも」との出会うきっかけだった。

麻呂の提案で最初は大きな形では無く、まずはゲリラライブみたいな形はどうですか？

「じゃあ、人が少しでも多く通る伊豆高原の駅前のクスノキの下での、ライブはどうだろうか？」

いいじゃないですか、と言いながら麻呂はそのいかつい顔をクシャクシャにして微笑んだ。

次の日に、伊豆高原の駅の会社、伊豆急の鉄道部にライブの許可を依頼したら、なんなく許可してくれた。

折角、ライブを開催するならば、なるべく……「もも」達が気持ちよく演奏が出来るようにしてあげたいなあと思い……考えた。

そうだ‼　気持ちの良いセッテングをしようと考え、モモたちに演奏に合った照明だ。

「どうするか」、その時……閃いた。

「アッそうだ、伊豆高原の陶芸家、大室窯の近藤宏克さんの陶器の明かりが綺麗だから……」

それにしようと勝手に決めて、早速、大室窯に向かった。ドキドキしながら工房に入って行った。

大室窯は伊豆高原の工房で一番大きな工房でギャラリーのスペースも、大室山のふもとに木枠と大きなガラスで出来た。伊豆高原でも屈指の無料の美術館みたいな建物を持っている。

その工房に入っていくと、手を土だらけにした近藤さんが無表情で迎えてくれた。

「伊豆高原の駅前のクスノキの下で民族楽器のライブをしようと思うけど……照明に陶器の明かりを使いたいと……思ったんです」

「……アイ」

返事が……承諾したのか？　拒否されたのか？　……判らない。……どうしていいか判らない沈黙の時間。気まずい空気が……流れている。

近藤さんはいつも、どこを見ているのか判らない目つきだが、やさしさがある目で愛嬌がある。

「いつですか？」

「六月の十一日です」

「……アイ」

会話が……続かない。

この人の返事、どうして？　「アイ」と、にごるんだろうか？

「何時から？」

「……六時頃から」

「……アイ」

その場に……居たくないほど……会話が……続かない。

「ヨロシクお願いします」

「……アイ」

心の中で……もうどっちでも……いい……と思いながら、早々に引き上げた。車に乗ったら……「ハアッーー」ため息が出た。

これが近藤宏克さんとの出会いだ。
以後、この先生と様々なイベントを構築していくのだった。

六月上旬の伊豆は雨が降りやすい時期なのだが……その日は天気いい夕方、いい匂いのビロードウィンドが吹いていて絶好のイベント日和りになった。

ビロードウィンドとは、六月の上旬から七月の中旬の梅雨の合間に吹く、ちょっと西寄りの南風で、お香のような苔のような匂いのする、頬をビロードの布で愛撫されるような心地良い風なのである。

それを「ビロードウィンド」と、私だけが……言っている。

「もも」のメンバーも楽しそうにイベントの準備をしている。周りに自然食品やオーガニックの商品を扱っている人達が露店を準備している。

最近はこの種の人達のスピリチャルイベントが多くなっているけど、その頃は……ヒッピーの集まりなのか？　何か怪しい人達の集まり？　ぐらいしか思われなかった。

麻呂は音響ミキサーで音のチューニングをしながら歌を口ずさんでいる。

開演二時間前になった。果たして、約束どおり近藤さんの明かりは届くのだろうか？

あれ以来、なんの打ち合わせもしなかった。と言うより、何故か？　怖くて確認も出来なかった

そこにワゴン車を乗り付けて近藤さんが現れた。

「……遅くなりました」

ちゃんと……来てくれたんだ。

「……すぐに準備しますね」

近藤さんの話し方は独特の間が空く。

「何か手伝う事がありますか？」

「……いや」

会話が……成立しない
車から陶器の明かりを次から次へと下ろしていく。

「何個ぐらい持ってきたんですか？」

「……一二〇個です」

そんなに持ってきてくれたんですか？

「………アイ」

助手と二人で黙々とその陶器の明かりを、ステージの脇とクスノキの下に並べていく。麻呂が近づいてきて
「こんな照明の準備をしてくれていたんですか」

と顔をクシャクシャに嬉しそうに笑った。それを見て胸がキューと締め付けられて、涙が……こぼれそうになるのを……抑えるのが……精一杯だった。

人は不安やピンチが周ってきた時、苦しくなるが……誰かがそれを助け

てくれた時、その不安の数倍の喜びを感じる。

ひとつのイベントは、人と人の関わりが大事だという体験をさせてくれる。

このイベントが「木霊」第1回のイベントだった。この「木霊」と呼んだイベントは、伊東市観光協会の補助金を使って三年続き四回まで開催した

その三年のあいだに三〇〇万円の借金を作ってしまい、磐長姫から解放された。

その借金の返済に暫くの間、宅急便の早朝のバイトに行かなければならなくなったが、数か月働いた時に、あるきっかけがあって、違う町から補助金を貰う事になり返済できる事になった。

## 南米の秘薬、アヤワスカ

あれは、二〇〇二（平成十四）年三月のことだった。友人から、聖なるワークをしてみないかとの誘いがあった。

彼はアマゾン文化を日本に広めようと活動している信頼のおける仲間だ。

「アマゾンの奥地にある薬草が、現代の治りにくい病気に効くかもしれない」と考えていて、自然との調和をとりながら、アマゾンの発展途上の人達と日本人との架け橋をしている。

そのとき彼が提案したワークとは、南米のシャーマンが「神事」に行うものだということだった。

部落の中で起きた原因の判らない病の原因を探るときや、行方不明者の居場所を探るために「アヤワスカ」という〝ツタの樹液〟を使うワークだった。アヤワスカは人間の意識を著しく覚醒させるため、一大事と言うときにシャーマンが使う物だという。

彼が持ってきた「アヤワスカ」は、当時はプラスチックの容器で国内に持ち込むことも許されていたのだが、何年か後には、麻薬の一種類とされて法律で持ち込みが禁止されたものだ。

それは「神事」ということだから、伊豆の聖地の山で、満月の夜に実行しようと計画した。

ワークは男四人で行う事になった。夕方から山に入り、食べ物は持っていかないようにと指示されていたのでシュラフ（寝袋）だけを携行した。まだ明るいうちにキャンプ地に着いた。一晩分の焚き木を集めて、7時には焚き火を開始した。

四人でたき火を囲みながら沈黙の時間が流れていく……。

牧野氏が「十時になったから、まずこの一杯」と小さ目のコップを渡し、大きめのペットボトルからアヤワスカを注いでくれた。それはドロドロとした液体で、本当に泥水のようなものだった。ちょっと勇気を出して、エイヤ！　と飲み干した。何となく喉ごしがバリウム液のような感じで「ウッ」と思った。

そして、また沈黙の時間。

パチパチと鳴っているたき火を見続けていたが、何も起こらない……。

「十二時になりました、また飲んでください」と牧野氏。小さなコップに二杯目の「アヤワスカ」を注いだ。

これも、エイヤ！と気合を入れて飲み干した。どうも、この「アヤワスカ」の飲み方は、南米の神事でやり方がきっちりと決まっているらしい。

二杯目を飲んで、十数分くらい経った。

何となくお腹が気持ち悪いなあと感じた瞬間、我慢できないぐらいの吐き気が襲った。

大急ぎで、たき火から離れて暗闇の森に駆け込んだ。

傍にある大きな杉の木につかまり——吐いた。

経験した事が無いほどの嘔吐感だった。おへその下にあるといわれる丹田の下腹部から湧き上がってくるような感じで、勢いよく嘔吐した。

(ヤバイ……悪い物を飲んじゃった！)

と思った瞬間、今度は猛烈な下痢感が襲い、あわててパンツを下ろし、木につかまりながらしゃがみこんだ……。

食道や胃や腸が内臓が、全部、肛門から出ていってしまうような感覚で下痢をした。

「フーーーッ……何てこった……」

……何とか落ち着いた。

皆が心配するから、早くたき火のところまで戻らなくてはと思い、木につかまり、立ち上がった。

「エッ！　──皆が下に見える！」高さは数メートル──。

──まさか……また……幽体離脱?!

真っ暗な闇で三人が焚き火を囲んでいるのを、別人の私が上から見降ろしている。

牧野氏が「チーフ遅いね？　どうしたんだろう」――伊豆では皆が私の事を「チーフ」と呼ぶ。菓子屋のチーフだったからだ。

「あっ心配しているんだ」

焚き火のそばに戻らなくては……と思った瞬間に木につかまっていたところに戻っていた。

月明かりでおぼろげに見える森の道をふらつきながら、焚き火のそばまで戻り、座った。

牧野氏が「チーフ大丈夫？」と声をかけてきた。

「うん大丈夫」と答えたが　本当は大丈夫どころの話では無かった。目が回るので目をつぶった。

墨で塗りつぶしたような漆黒が……その漆黒の暗闇の中を自分の身体が転落していく。

「ウワー！！　転落していく」

恐怖でむりやり目を開けた。無理やり開けないと、開かないぐらいまぶたが重かったのだ。

焚き火の火が小さくなっている。

急いで木をくべながら、今の恐怖をぬぐいさろうと森に目を向けた。周りには杉の巨木が立ちはだかり、その杉の木のとがった葉が月明かりで光り、幻想的に見える。

「まるで何か虫のようだ」と思った瞬間、周り一面がもぞもぞと動き出して……黒い得体のしれない虫が地面を覆い尽くすように近づいてくる。

「ウワーッ　どうなってんだ？？」

目をつぶった。再び、暗闇の落下が始まった。

また目を無理やり開けた。あんなにいた虫はいなくなって、火が勢いよく燃えていた……何か良いことを考えなければと、自分に言い聞かせた。

「そうだ天使だ」天使を考えよう……。

そう思った途端に自分の鼻先にティンカーベルが飛んでいる。まるでハチドリのように羽を震わせながら目の前で微笑みかけている。

「可愛い……」

ティンカーベルを見て、さっきの暗闇の落下や虫の事を必死に忘れようとしている。

ほっとした……。

でも……こいつも……ひょっとしたら悪魔の化身かもしれないと思った瞬間、そのティンカーベルの形相が吸血コウモリのような顔になって、私の鼻にかぶりついた。

「ウワーッ……痛い」

鼻に噛みついているそのティンカーベル払いのけた。

「痛いーーーー」

払いのけた自分の手で鼻を打った。

「なんでーーー？？　ティンカーベルを払いのけたつもりだったのに自分の鼻を打ったのか？？」

どうにもならなくなって身体を横たえた。打った鼻がジンジンとした。その瞬間、そう、この幻覚症状は瞬間に変わるのだ。

今度は自分の身体が地面になってしまった。動こうとしても金縛り状態のようになってしまって身動きができない。

地面になってしまったので……動けない。

危機を感じて辺りを確かめるように見渡した。

森の奥に光る目が並んでいる。「鹿だ！！」何頭かの鹿が暗闇の中でこちらを見つめている。

いつも見ている鹿の目と違い、その目は怒りに溢れている。

「なんでーー」

金縛りにあった様な身体をやっとの思いで起こした。

そうか、アヤワスカは人間の心の奥底をあぶり出し、自分の思考を増幅させるんだ……！

それから三時間余り、すさまじいネガティブの幻覚に襲われつづけ、今まで感じた事が無い恐怖と戦った。

そして……最後の最後にこの窮地を救ってくれるものは何だろうと、かすかに残っている自分の正気に向かって、必死に問いかけた。

そのとき、お尻から入ってきたものがあった。

「南」「無」「妙」「法」「蓮」「華」「経」――その七つの文字が、ドドドーン。尻から入って、お腹を突き抜けて、口から飛び出しそうな勢いで入ってきた。

エッ「南無妙法蓮華経」？？

でも、それが入ってきた瞬間、一切の幻覚が消えた――。

助かった！　しばらく呆然としていた。自分の身体の感覚を確かめたら、なんだかとてもすっきりしていた。

それにしても、自分の最終的に救ってくれるものが「南無妙法蓮華経」だとは……。

危機一髪のとき、本気で祈ったら、マリア様とか神様などが出てきて助けてくれるって。私の場合それが、「南無妙法蓮華経」だった。

びっくりした。日蓮上人の教えだったのかと、初めて気がついた。

家は代々、日蓮宗。お寺も日蓮宗。でもそんなこと、意識したこともない。墓参りはしょっちゅう行っていたが、宗教的には意識したことが無かった。

何だろう、この奇妙な体験は？　……いま思えば、「神々の試練」の始まりだったのかもしれない。

この体験後、どうも妙なことや不思議な事が身のまわりに起きはじめた。

人が生きているということは、遠い先祖のお陰で生きている。その先祖が、どんな精神世界に委ねていたのかを知る必要がある。

神道なのか、仏道なのか？

神道であれば、どの神様を信奉していたのかが重要で、大国主命《オオクニヌシノミコト》であればその系統の少彦名命《スクナヒコノミコト》の系統の神社を奉らないと、またその系統の神社にいかないと、神様も怒ってしまうんじゃないかと思う。

法華経なのに南無阿弥陀仏を唱えてしまうぐらいの違いがあると思う。

精神世界のルーツともいう自分の先祖が、代々何を心や魂のよりどころにしていたのか？　調べてみる事が大事なような気がする。

## 深い瞑想の先は

一九九九年、私は人口八〇〇人の自治会の会長を四十八歳の若さで務めていた。

その日はお天気もよく気持ちのいい日だった。お菓子作りの仕事をしている時に、自治会の事務局の女性が血相を変えて店に入ってきた。

「会長ーー大変です、喧嘩です」

この近辺、うちの自治会内は田舎の割には揉め事がひっきりなしで起きていて、今までの自治会長はことごとくその揉め事に巻き込まれ、降任を余儀なくされていた。

私が就任してからは揉め事も少なくなって、安穏としていたのに、

「どうしたの？」

「あの角の家で喧嘩が起きているんです」

「そうなの？」

前掛けをはずして、コックコート着たまま、いわれた角の家に向かった

行ってみると、その家の庭先で小柄な住民と身長一八〇㎝を越える、後頭部で野武士のような髪を結んだ長髪で色は浅黒く顔はイースター島のモアイみたいな顔の男が、大きな声で小柄な住民に怒鳴り散らしていた。

そこに割って入り

「ナニ？　怒ってんの？　大声を出して」

「なんだあーーお前は？」

「わたしはこの先のお菓子屋です、アッそれとーーここの自治会長です。ここで大きな声出していてもしょうがないので、わたしが話を聞きます。ちょっと店まで来て貰えますか？」

「おーー上等だア」

と言いながらも彼はついてきた。

店について椅子に座り
「まずは、何を飲みますか？」

「コーヒー」

その時はすでに大人しくなっていた。それが彼との付き合いの始まりだった。それから彼の正体を聞いて……ビックリ。

彼は一冊の本になっている世界的に有名な「麻薬の運び人」だったのです。何故？　麻薬の運び人になったのかは本編では書けませんが、その彼との付き合いが三年目の十一月、ＮＨＫの朝のニュースを見ていたら、いきなり彼の顔が映し出されて、ＳＩこと本名〇〇、成田空港で大麻樹脂四五〇ｇを所持、緊急逮捕。

出てきた顔写真は、モアイの顔を更に悪人相の写真が出ていた。

「エッ……馬鹿だなあ、どうして？」

あれだけ密輸のテクニックを本にまで載せていて、昔と変わらない手段を使えば捕まるに決まってる。

「フーーーッ」

思わず溜息が出てしまった。

それから、一週間後の午後、彼が店にやってきた。

「アレッ、捕まったんじゃないのか？」

「ウン捕まった……」

「なんで？　今、ここに？」

「俺みたいに何回目かの逮捕で、住んでいる所がはっきりしている場合は、刑が決まるまでは自宅待機となるんだよ」

「そうなんだ……で今回はどれぐらいの刑になるの？」

「三回目だから三年半はくらっちゃうと思うんだよね」

「三年半かあーーー大変だね」

「ウン、それでね、今回は懲りてね」

「お前さあーー前にも懲りたって言ってなかったっけ」

「ウン、言ってたけどね、でも……今回の事は、相当に懲りたのよ
それでね、改心しようと思って座禅の接心に行こうと思ってね」

「いいじゃないか、接心ね、どれぐらいの期間なの？」

「一週間なんだよ」

「一週間かあー、それ、きつそうだね」

「ウン、それでね……一緒に……行ってくれない？」

「エッ……なんだと？　なんで？　罪を犯したのは、お前で、俺は関係
ないだろ」

「だって……三年半ぐらいは会えないんだよ」

心の中でそんな事、知っちゃいない。一人で行けよと思った。

「三年半だよ…………」

驚いた事に、彼はその怖いモアイのような顔を半べそ顔にして、店のラ
ウンドテーブルの上に涙をポタポタと落としながら鼻水をすすっている。

周りのお客さんもけげんな顔で私達を見ていたので、思わず「行けばいいんだろーー」と叫んでしまった。

接心とは沈黙の行で、一週間を誰とも話すことが出来ない。まだ暗い早朝に起床して夜九時までの修行で、一日、何回も座禅を組みながら、鐘で起床、板木の音で食事や作務の始めと終わり、鈴で座禅の開始と終わり、全て音で動いて行を続ける。

板木が鳴ると作務が始まる。

作務は松の木の剪定を黙々と続ける。

板木の音が鳴ると作務を止めて座禅に入る、座禅の時間もどれぐらいかは決まってはいない、鈴が鳴るまでとなっている。

一日に何回、座るかも決まっていない。次に板木が鳴るまでは、ただひたすらに松葉を手でむしり剪定していく。自分の思いや思考を一切いれる様な事もなく、全ての動きは、導師の気分次第で決まる。全て身を委ねるということになっている。

接心の禅寺は茨城の土浦の霞ヶ浦の傍に建っていた。私達二人は坐禅堂に寝起きする。

坐禅堂は真ん中に三ｍぐらいの土間の通路があって、両脇に二・五ｍぐらいの寝られるぐらいの幅の空間があって、十五人づつ計三十人が坐禅合宿が出来るようになっている。

朝、四時に起床の鐘が鳴る。それも必要以上の大きな音で。

坐禅堂には彼と私しかいないから、そんなに耳元で大きな音で鳴らさなくてもいいのにと思うほどのうるさい音なのだ。

起きてすぐに寝具を片付け、坐禅堂の周りを、手を合わせた態勢でグルグルと小走りで回る。

早朝はかなり寒くなっていて秋なのに吐く息が白くなっている。

何周するんだろうなんて考えると辛くなるので、考えてはいけない。鈴が鳴るまでまわるのだ。

チーーン、チーーンと鈴が鳴ったら、坐禅堂に入って、坐禅の準備を始める。座布団を二つにたたんで、お尻の下に入れて座る態勢を整える。そしてチーーンチーーンと鈴が鳴ったら坐禅開始。

あとは次の鈴がチーーンチーーンと鳴るまでは座り続ける。そのあいだは基本的には動いてはならない。どうしても動きたければ手を合わせてお辞儀をして、警策の依頼である。

お願いするとからだを動かす事はできるが、木の棒で背中を打たれる事となる。人にもよるが相当に痛く叩く導師もいる。

そして四日目のまだ薄暗い早朝、座り始めて十五分も経っていない頃、導師が「呼吸がうるさいーー、もっと静かに呼吸をしろ」

エッ静かに、呼吸をしろって言われても……

仕方ないので、なるべくユックリと息を吐き、ユックリと吸う。

一分間に二回ぐらいの呼吸をしてみる。

十五秒で息を吐き十五秒で息を吸う。

深く静かな呼吸に意識を向けてみる。

坐禅のあいだの目線は一五〇cm先を半目と言って、大仏様のように半分目をつぶるような開け方で前を見る。

呼吸に意識を向けながら、ユックリと息を吐いていると脳が酸欠を起こしたように気が遠くなってくる。

もうヤバイかなと思った途端、目の前は………宇宙になっていた。

私のからだが物凄いスピードで宇宙空間を飛んでいるのだ。

ンッ幻覚か？　と思ったけど、目は半分あいているから幻覚ではないなんでだろう？　でも、そんなことはどうでもいいのだ。

宇宙空間を飛んでいて気持ちがいいから、どうでもいいんだ。

暫く、その気持ちのいい宇宙空間の飛行を楽しんでいると、チーーンチーーンと鈴が鳴ってしまった。

アッもっと……飛んでいたかったのに。

あっという間の宇宙飛行だったが、驚く事に一時間を過ぎていた。深い瞑想の先は宇宙飛行だったのだ。

ひょっとしたら瞑想の先は、この宇宙観に辿り着くのが目的だったのではないだろうか。

# 第六章　前世療法

# 前世療法　パート1

一九九八年のころの話。

ヒプノセラピー（前世療法）または退行催眠の第一人者と言われているHM氏、見た目は貧乏神のような風貌であるが、話すとバスのきいた身体に響く低い声でゆっくりと話。その口から出てくる言葉はその人に必要な事を次から次へと思いつくらしく……的確だ。

その話術と美貌があれば……天下は……取れるなと思っている。

それぐらい彼はその話術を使っての催眠術は超一流だ。

「なあ……チーフ……」。その頃、私は皆にチーフと呼ばれていた。フランス菓子のオーナーパティシェだったからだ。

「お前……なあー」語尾を落として、間があくしゃべり方についついと彼の話に引き込まれていく。

「お前……なあー」　何回も繰り返すように呼びかける。

「お前の声……大きくて高いなあーー、だからーー……うるさいんだよ」

エッ……悪口を言われているのか？

嫌味に聞こえないのは……私が……馬鹿だから……なのか？

「それでーー、お前、ヒプノを教えてあげるから……覚えな」

「…………」

「ちょっと、頭が良く……思われるから、覚えな、なっ」

……また、悪口……言われた。

ちょっとムッとしたが、

「お前の声な……基本的には、少し低めの……すごい……いい声なんだよ……」

「だから……ヒプノ、やったら……いいヒプノ・セラピストになれるから」

ムッとした気持ちが風速五十ｍぐらいの風で吹っ飛んだ気持ちになった。

「それぐらいしか……お前、脳が……無いから」

また？……ちょっと……いや、ちょっとじゃない……かなり……ムッとした。

それが……ヒプノセラピーとＨＭ氏に関わってしまった理由だった。

それ以後、彼の家来の様に、彼の要求を聞き入れた。

「チーフ……国際免許の更新をしたいんだけど……行ってくれる？」

行ってくれる……と言うだけで、

運転手になってよと言わない事がこの種のテクニックらしい。言葉を……巧みに使って、人を翻弄したり、マインドに落とし入れる……それでもあまり不快に感じないのは……何故なんだろう？

ＨＭ氏に聞いた。

「何で？　私はこんなにもＨＭ氏の言う事を聞いてしまうんですかね？」

「ははは……それは……お前は、前世で私の弟だったからだよ」

「だから……今生でも学びのために……縁したんだよ……わかる？」と語尾を落として返事をされた。

その時、胸に何かつっかえるものがあったけど、それが、何であるか判らなかったけど、その感情を突き詰める訳でもなく……そのままにしてしまった。

その後、甲高《かんだか》く、早口で話さず極力声を下げて話す訓練をした。

一か月経った頃には……かなり……ゆっくりと話せるようになった。

HM氏「フーーーン、チーフ……かなりゆっくりと話せるようになったねえ」

「ハイ！！　少しだけ」

「これから……相手に聞き取りにくいぐらいに話す練習をした方がいいよ、教えるから……」

「この教えるから」と言うのが彼の呪縛にかかってしまっているのだと

気づくまでは一年以上かかってしまうのだった。

それでもＨＭ氏に隠れて知り合いなどにその習った喋り方でヒプノセラピーを始めた。

ＨＭ氏が言っていたように、自分でも、これは私の天職だと思うほど……かなりの効果を上げた。


二年後一九九九年、ＨＭ氏が「チーフ！　お前のね……前世がどんな感じなのかヒプノをかけて……観たいんだけど」

必ず「お前」と呼びかけるのは、自分の立ち位置を相手より「お前より私は上にいるのだと言う確認させる言葉なのだ」と説明を受けていたので、多分、私はＨＭ氏の前世では弟だったので……ＨＭ氏に必ず、従わなければならない運命にあったという事らしい。

「お前の……前世、何だったんだろう……興味あるなあ」

「何時が……都合がいいの？　……俺は……いつでもいいけど」

ヒプノをかけられる事は、すでに……決まっていた。

ＨＭ氏に聞いた。

「でも……お金……払えないけど……」

「うーーん、お金かあーー、いいんだよ……俺が観たいんだから」

その頃のＨＭ氏のヒプノセラピーのセッション代金は一時間二十四万円だったのだ。

数日経った午後に前世療法が開始された。

そのスペースはアパートの一室で、部屋の広さは八畳間ぐらい。窓には厚めのブラウンのカーテンが外の明るさを遮断して、薄暗く、アロマのローソクの炎が怪しくゆらゆら揺れながら、ラベンダーの香りが漂い、カセットラジオから流れてくるヒーリングミュージックが気持ち良かった。

「さあ……ゆっくりと……始めようか」

促されて、布団の上に仰向けに寝転んだ。

「ゆっくりと……鼻から息を吸い込んで……ゆっくりと口から吐いてい

く」

ＨＭ氏の低いバスのきいた声が心地良く耳に響く。

「今、あなたの身体の感じは〜どうですか〜」

「今ですか？　……今は……」

ＨＭ氏が「お前ね……ヒプノって入るまでは返事しなくていいって言ったろ」

ちょっとムッとした感じで言われた。

そうだよ、ヒプノは入るまでは……返事をしては……かからないんだよ。

「やり直そう」

「ゆっくりと……鼻から息を吸い込んで……ゆっくりと口から吐いていく」

すぐに、起きているのか、寝ているのか判らないぐらいの状態になって、ＨＭ氏の声だけが耳だけでなく身体中に響いて、気持ちがいい。

「今、いる所はどんなところなの」

やさしく聞かれる。

「目の前に……きれいなお花畑が見えるよね」

「目の前に白いきれいな花が一面に咲いていて、その花が風に揺られてフワフワと揺れている光景が……見えた」

「見えます」

「そう……良かったねえーー　その、お花畑の上に階段が……あるねえー」

上をみたら何十段もある階段がお花畑の上に見える。

「ハイ、階段が見えます」

「その階段に大きなドアが見えるかい？」

再び階段を追って上を見ると茶色の木の大きなドアが見える。

「ドアが……見えます」

「その……ドアの向こうに……チーフのインナーチャイルドが待っているる」

「今すぐ……階段を上がって、インナーチャイルドに会いに行こう」

「ハイ！！」

階段を小走りに上がって行き、もう二、三段でドアに………。

その時、大きな声で「オイ！！」と呼ばれた。

「何？？」後ろを振り返った。

エッ　催眠から醒めていた。

HM氏が「フーーン……醒めてしまったのか……なんだろうねえ」

「まあ……いいかあ……一回では催眠にかからない奴もいるのよ、止めたあー」

一回目の退行催眠は後ろから誰かに？　声をかけられてお終《しま》いになってしまった。

数週間経って……朝の五時、リビングの電話がけたたましく鳴った。

びっくりして飛び起きた。

「何だろう」急いでベッドから飛び出し鳴り響いている。

電話の受話器をとった。

「もしもし」ちょっと不機嫌な気持ちで電話に出た。

「あーーーチーフーー、俺だけど……昨日の晩から眠れなくて……」

「今日の午後、退行催眠、もう一度、やってみようと思っているのでヨロシクね」

「じゃあーー話してたら……眠くなってなってきたので……オヤスミ」

エッ、こんな朝早くの電話で……退行催眠の？？

どうして……こんな……朝早く……それも一方的に自分の言いたい事を言って、電話を切っちゃった。

ナンデーーと思いながら、窓の外を見たらコナラの木に新緑の芽がいっぱい出ていて、その芽が朝日に照らされて、きれいな緑色に染まっていた。

もう春、真っ盛りの四月の下旬だった。何か幸福感に満たされた朝になった。

ＨＭ氏が菓子の製造工場のドアをノックしたのは、もうすで夕方の四時を回っていた。

午後って……言ってたから、大急ぎで仕事を繰り上げて昼過ぎには待っていたのに……

「チーーフ、お待たせ、さあ行こうか」

「場所は……前回やった……場所でいい？」

「ハイ!!　いいですよ」とにこやかに答えてしまった。

いよいよ二回目の始まりです。

## 前世療法　パート2

一回目のお花畑にある階段を上って行ったヒプノは階段を上って行った時に醒めてしまい、では再挑戦で二回目をやろうという事となった。どうしてもＨＭ氏は私の前世が観たいらしい。異常と思えるほど執着を燃やした。彼の場合は自分の事に興味があっても人の事など全然、気にしない性格なのに……。

二回目の始まり……。

仰向けになって寝転びＨＭ氏の声を聞く。

「ゆっくりと……鼻から息を吸い込んで……ゆっくりと口から吐いていく」

今回もすぐに、起きているのか、寝ているのか判らないぐらいの状態になって、ＨＭ氏の声だけが耳だけでなく身体中に響いて、気持ちがいい。

「今、どんなところにいるの？」

「森の中？」

と言われた瞬間に、きれいな新緑の森の中の道を歩いていた。

森の木々のすき間から日の光でできた、まるで天使の道のような線があちこちに差し込んでいる。

その森の中の道を歩いている自分がいる。

新緑の匂いと気持ちいい風が頬を撫ぜ、身体中、気持ちがいい。

「その森の道の向こうに何がある……白いドアがある？」

言われた瞬間に道の向こうに大きな白いドアが……見えた。

「その白いドアの向こうにはチーフのハイヤーセルフが待っている、行こう」

足早にドアに近づいて、ドアノブに手をかけた。

開けようとした瞬間、後ろから私の肩に手をかけて引っ張った奴がいた。

エッと思って……後ろを……振り向いた。

催眠から目が覚め、目を開けたらＨＭ氏の貧乏顔がさらにシワクチャに

なって、

「うーーーん　また……ダメかあ……どうしてなんだろうね。よほど、見たくない前世なのか？　見る……必要が……無いのか」

二回目の退行催眠をやってみたけど、催眠にはかかるのだがインナーチャイルドにもハイヤーセルフにも出合う寸前に誰かが？　止めに入り……出合う事が出来なかった。


次の日の朝　四時に……電話が鳴った。

「もしもし……チーフーー」

また、HM氏からの電話だった……。

「あのなー　お前、ヒプノは……ダメなようなので……」

話に間をおく。間をおかれると、つい、意識を集中して聞こうとする。

「大阪からリエちゃんって女の子を呼ぶ事にした」

「へーー……そう……なんですね」こっちも……間をおくしゃべり方で

返事をする。

「そのリエちゃん、……人を、見ただけで……前世が見えるらしい」

「ほうーー……そうなんですね……」間をおくのは忘れない。

「それでな……来週の水曜日に呼ぶ事にした」

「……呼ぶん……ですね」あくまでも間をおく。

「じゃあ……そんなところで……バイバイ」

心の中で「どうしてえー」と思う気持ちと「何か、また面白い事が始まるな」

との期待感でなんかワクワクしている自分に気がついた。

三日後の水曜日にＨＭ氏とそのリエちゃん、数人の人が私の店に来た。

店の長椅子に皆がかたまって座っていると何か怪しい雰囲気が漂っている。

仕事を途中で切り上げ、天気も良くて暖かくて気持ちがいいので、カーキ色のチノパンに白いポロシャツに着替えて客席に向かった。

そのリエちゃん見た目は二十五・六才の普通の女の子です。

「コンニチワーー」と目いっぱい愛想よく挨拶をした。

そのリエちゃん「ウフフフ」

「??　何　??」

「イエ……何でもないですー」

「何だよ」

「イエ……何でも……ないですー」

やっぱりＨＭ氏の知り合いだけに奇妙な奴だなと思った。

ＨＭ氏が
「彼女がリエちゃん……大阪から来ましたー　……ヨロシク」

「錬堂です……初めまして」

「ウフフフ」

何だあ?　この女、頭がおかしいのか?　と思ったけど……口には出さなかった。

一向に話が進まないのに……珍しくＨＭ氏が焦《じ》れたらしく、

「彼女が、その人を見ただけで前世が……ビジョンで見えるのよ」

見ただけで前世が見える……本当かなあと思った。

「特殊な能力を持っているのですね！！」

「そう……」

リエちゃんは私とHM氏の話を聞いていない感じで、厨房で働き動いているカミさんを見てクスクスと笑い始めた。

「首を横に振って……踊ってる」

「何？　何？」そこにいる全員が同時に声を出した。

「あの人……奥さん？」

「そうだよ」

「バリ？　バリ島の人？」

エッ……ちょっとドキッとした。

何故ならば、うちの女房は過去にバリ島に二回行っていて、「バリ島は私の故郷のような気がする」と言っていた。

気持ちが悪いので何となく、その能力を否定したくなった時、高校生の娘が学校から帰ってきた。

「ただいまーー」と、こちらに挨拶をしに来たが、この一行を見るなりさっと踵《きびす》を返し出ていった。

娘はこの御一行が気に入らないらしい。娘は超がつくぐらい現実派なのだ。私の顔を見るたびに「訳のわからん事、やってないで、さっさとお菓子でも作ってろ」

と言うのが口癖だ。

その娘の後ろ姿を見たリエちゃん、またクスクスと笑いながら、

「南米？　膨らんだスカートをはいている」

エッ……「アルゼンチン？」また……ドキッとした。

娘がまだ色々な事が判らない六〜七歳の頃、「アルゼンチンに行きたい」といつも言っていたからである。

その頃、どうしてこの娘は……よりによってマニアックなアルゼンチン

などに行きたいなどと言うのであろうかと不思議に思っていたのだった。

ますますドキドキしてきて、胸がかきむしられる感じがした。

ＨＭ氏が「さて、じゃあ!!　いよいよチーフを見てもらう事にしよう」

そのリエちゃんが、前のめりに身をのり出し、目を細め、私を……見た。

そのリエちゃんがすごいスピードで身を引きながら目を引きつらせて、「キャアーー……」と声を発してのけぞった。座っていた木の椅子が
キューと音をたてるほどだった。

「エッー」とみんながリエちゃんに目を向けると大袈裟に思えるほど震
える声で。

「左手に……人の首を……持っている、それも……五つも」

「右手には大きな十字の剣……ウーーー」

「見境なく、人の首を……はねてるーー」

「黒い服、黒いマント、黒い大きな馬に乗って、甲高い大きな声で笑い
ながら」

リエちゃんを見ていたみんなは
「それでー？」

「キャアー……」また叫び声ともつかない声を発した。

「おんな、女の人を……いっぱい……犯しまくっている」

私は顔がカーーと熱くなって、思わず「こいつ……首を絞めてやろうな」

と衝動に襲われた。

そんな私の状態も気にせず、みんなは面白がって、

「それでー、どうなったの？」と聞いた。

他人事だと思って……

リエちゃんの目はうつろ状態になっていて、少し震えながら少し声のトーンを落として、

「死んでる……、台の上に横たわっている、身体の上には……十字の剣」

もういい加減にして……欲しいと思ったので、
わざと大きめの声で「もう、死んだのかよ」と言った……が、

みんなは更に「それでー!!」と声を出した。

「周りは黒い軍団……下を見たまま、沈黙の葬式」

その時、子供の頃の事が鮮明に思い出された。

風呂敷をマントにして木で十字剣を作り、はしゃぎ回っていたビジョンが鮮明に現れた。

心の中で「こいつ、ひょっとして本当の事かもしれない」と思った。

私の背筋には鳥肌が立っていた。

そんな私の状態を無視して、みんなは「それで?」と今度は少し大人しく聞いた。

「このままでは、この人の魂は浮かばれないと」言葉を……そこで詰まらせた。

一息ついてから、リエちゃんが話し始める。

みんなも私もツバを飲み込み、じっと聞いていた。

「チベットの寺院の寺男となって三〇〇〇年間、修行させせられて、魂の浄化をさせられた」

今度は硬直するぐらい身体全身に震えがきた。

何故か？　昔からチベットのラッパ音を聞くと胸が込み上げてきて涙が出てきてしまうのだ。

更にリエちゃんはいっきに話を進めていく。

# 前世療法　パート3

私が前世で黒い騎士団を引き連れ、悪行を続けてきた事が見えると言うリエちゃんの話は、本当なのかと疑ってしまうほどの強烈な話だ。

その悪行の罪滅ぼしにチベットの寺院で三〇〇〇年間ものあいだ、寺男として修行する事となったらしい。

「三〇〇〇年の修行のあと、黒い僧服を与えられ、三〇〇〇年の知恵を誰かに与える為に待ち続けた」

「名前は……恵果？……恵果って人？……誰？　……誰なんだろう」とリエちゃんは言った。

ああ……それは……私じゃない……三〇〇〇年の知恵を私は持ってないし、恵果なんて人物は知らないし……

更にリエちゃんが言った、最後のメッセージ。

「そして、最期の仕事を……約束を果たしに、この世に遣わされた、再び黒い軍団を引き連れて」

言い終わったリエちゃん自身も、我に返ったように顔が変わった。

「だから……黒い服をいつも着ているの」

不思議だ……リエちゃんとは今日、初めて会って、今日は黒いTシャツやパンツではなくカーキ色のパンツで白いポロシャツなのに……

何故？　いつも黒いものを着ている事が判ったんだろうか？

ともかく、彼女の言っている事が本当かもしれないと……思い当たる事がいっぱい……あるのだ。

話し終わって、全員で一息……ついた。あまりにもと突拍子もない話だったので、何かのプロジェクトを達成したような、イベントが終わったような、疲労感がみんなを襲った様な感じだった。

ちょっと間をおいて、再びリエちゃんが……話し始めた。

「相当、悪い事をしてたんで……前世を見つめる事が怖かったのね!!」

「今生は大きなカルマを背負っているので、罪滅ぼしに人の為に生きるのよ」

「あたしの為にもね……ヨロシク」とリエちゃんが言ったので、すかさず……「どうして?……リエちゃんの為に?」言い返した。

するとと……「だって、前世で私の事を犯した上に殺したからよ」

「何? ちょっと待て、お前ーー、いくら……何人の女を犯して、殺したとしても……お前のような奴は……やらん」

と言って隣に座っているリエちゃんの首を軽く締めた。

「きゃー　今生でも殺されるーー」と言って、大笑いとなったが、その出来事がきっかけではないが、次から次へとそれを裏付けるような出来事が起きてしまったのだ。

二〇〇八年
よく、京都のポスターを見ると東寺の五重の塔が映っている事が多いが、あの五重の塔のシルエットを見ると、何故か胸がキュンとなるのである。

どうしても気になるのだ。

「そうだ!!　今日こそ東寺に行こう」と決め、行く事にした。東寺の中の大仏殿を見ながら境内をゆっくりと散歩していたら、立て看板が目に入った。

その看板には……「春の五重の塔、特別拝観」とある。滅多に見れるものではない、折角だから入って見る事にした。

一階の薄暗い堂内に入っていくと、壁に色々な絵を展示している。ふと気になったのは、一枚の黒い僧衣を着た坊さんの絵が……目を凝らして書いてある字を追った。

恵果……エッ恵果？

この恵果？

読んでみると、空海が遣唐使で来るのを待ち続けて、お釈迦様の知恵を数か月で伝授したと言う。

「すっ凄い人……じゃないかーー」

あの話の時は、恵果がどんな人物なのか調べもしなかったし、興味も沸かなかったから、恵果と言う人物は知らなかった……。

急に、リエちゃんに会いたくなったが……あの時、訳が判らん話ばかりだったので……連絡先も聞かずにそのままになってしまった。

実は……あの話の後に、前世の絡みに意識を向けてしまったせいなのか？　それとも……本当に……前世の引継ぎで今生に罪滅ぼしをさせられているのか？　それは判らないが「人の痛みや病を治す思いつき」が次々と出てきて、日本中、世界中の人にその治し方を伝える事になってしまっている。

輪廻転生は——幽体離脱を三回もやっているので——確かにあると思うが……

果たしてそんな偉人が私の前世とは……どうしても思えない。

この私と言えば、俗の世界にどっぷりと浸かって、かなりの欲に……まみれている。

誰もが知っている偉人の引継ぎであれば、もっと清廉潔白な人物を選ぶに決まっていると思う。

だが……不思議な事は、この黒い騎士団の事は讃美歌を聞くと……その情景がフラッシュバックする。

その情景は今にも雨が降りそうなどんより曇った天気で、前には灰色の湖が見える。

後ろには数人の黒い鎧と黒い衣服を身に着けた騎士達を従え、畔に立つ家路へと向かう。

後ろから一人の騎士が大声を張り上げて声をかけた。

その騎士が指差す丘の上には、様々な色の鎧を着た数千の騎士達が丘の上に隊列を組んで並んでいる。

後ろを確認する。

わが兵達は十三人、その中には金色の髪を束ねた身体の大きな女もいる。

馬を止め、立ち止まる。

わが兵達は無言で私を見つめている……金髪の女が大きくうなづいて、大きな剣を抜いた。

死は……いつでも覚悟している。

丘の上に隊列を組んで待機している騎士達は……私を裏切った……部隊だ。

何が……何でも……許さない。

たとえ、勝てずに死ぬような事があっても、絶対に……許さない。

無言で馬の腹を蹴って、一目散に数千の騎士達の並ぶ丘に突っ走る。

いつもここで終わっている。

このビジョンは何回も夢で見る事がある。

讃美歌を聞くと、このビジョンが浮かぶのである。

この情景の場所が……あるきっかけで……どこの場所なのか……はっきりと判った。

オランダだったのだ……

恵果（えか／けいか、七四六年・永貞元年十二月十五日（八〇六年一月十二日））は、中国唐代の密教僧で日本の空海の師。俗姓は馬氏。長安の東にある昭応の出身。真言八祖の第七祖。

出家した後、不空に師事して金剛頂系の密教を、また善無畏の弟子玄超から大日系と蘇悉地系の密教を学んだ。金剛頂経・大日経の両系統の密教を統合した第一人者で、両部曼荼羅の中国的改変も行った。

長安青龍寺に住して東アジアの様々な地域から集まった弟子たちに法を授け、一方では代宗・徳宗・順宗と三代にわたり皇帝に師と仰がれた。

また、六大弟子と言われる六人に附法した。すなわち、剣南の惟上・河北の義円（金剛一界を伝授）、新羅の恵日・訶陵の辨弘（胎蔵一界を伝授）、青竜の義明・日本の空海（両部を伝授）。なお、義明は唐朝において潅頂の師となったが、早世している。

## 前世療法　パート4

讃美歌を聞くと出てくるビジョン……それは……

前世で黒い騎士団だった記憶だったのだろうか?

そのビジョンの騎士団は、どこの国でどの地方であったのか。

その記憶らしき事が……オランダだったかもしれない……

と思うほどの出来事が二〇一二年十一月におきてしまった。

そのオランダに行くきっかけは……

尾崎圭司君、彼は現役のK‐1の選手だった。

ある人の紹介で友人となり、天城流湯治法を気に入ってくれて、最短時間で湯治師・師範まで登りつめた。

その尾崎圭司君が知り合って数か月の時に、私の自宅まで来て、

「錬堂さん……実は錬堂さんが言ってた通り、運が、向いてきました。世界タイトル戦が決まったんです」

彼と知り合いになった時に、

「私と知り合いになった人は、何故か？……いい機会に恵まれるんだよ、その人数はすごい数なんだよ」と彼に言ったのだ。

事実、私の家のリビングの白い柱には、数多くの人の背丈のマークが遠くで見ると黒い汚れの様についている。

その中には有名なスポーツ選手や芸能人や歌手の名前が書きこんであるのだ。

知り合いになってから何か月、数年後に……ブレークしていくが、数か月でそのチャンスに巡り合うなんて、

「この男、相当に運も強いんだろうな」と思った。

「そうか!!　世界タイトル戦か！　良かったなあ、必ず応援に行くから頑張れ」

「そうですか、ありがとうございます」

「ところで……その世界タイトル戦はどこでやるんだ？」

「ハイ!!　ベルギーです」

「エッ……ベルギーなのか？」

「……行くって……言ってしまったか……」

最初にどこでやるのか聞いてから言えばよかったが……応援に行くと言ってしまったのだ。

世界タイトル戦の話に水を差すのはダメだと思って……覚悟した。

「ヨシ……行くぞ……ベルギーへ」

「本当ですか？……本当に？」

「うん……行くに……決まってます」

と言うひょんな事で、キックボクシングの世界タイトル戦の応援に行く事となった。

試合は二か月後。成田空港で尾崎圭司君と待ち合わせ、アムステルダム経由でベルギーに入る予定となっていた。

「錬堂さんーー」、空港で尾崎君がキャップを逆にかぶり、デイバッグを背負って手をあげて、ニコニコしながら近づいてくる。

相変らず、この男は気さくで愛嬌のある戦士だなあとおもった。

今回は尾崎圭司君と渡辺雅和君と三人でタイトルに臨む事となっていた。

「アレッ……世界タイトル戦だからセコンドやトレナーなど七、八人で行くものだと思っていたのに……」

「たったの三人で？」

「ハイ!!　三人で頑張りましょう」

「相変らず、動じない男だな」と思った。

彼は「キックボクサーです」と言っても「本当？」と思うほど、街中で見たら……普通の若者に見える男だが、リングに上がると、その身体は俊敏に回転をしながら回し蹴りを繰り出す。

トルネードと異名を持つ、凄い選手なのだ。

同行してくれる渡辺雅和君もキックボクサーだったが、ケガの後遺症で引退をしていた。

身体が大きくヒゲを蓄え、魔人の様な強面をしている。ヤクザ映画に出ても通用するほどのいかつい男に見えるが、着ている物のセンスがいい。

「雅和君……いいセンスだね!!」と言ったら、その怖そうな顔をクシャクシャにして笑い、いっぺんに……いい人の顔になってしまった。

その時の顔が彼の本性だった……優しいのだ。

試合の結果は非常にいい試合だったが、アウェーだったので判定負けとなってしまった。

試合が終わり、ベルギーから鉄道を使ってアムステルダム経由で帰国の予定だった。

予約したチケットの時刻通り列車に乗った。

数十分して……「んっ……もう着いている時間じゃないか?」

携帯で時間を見たら……確かに……もう着いている筈の時間なのに
列車は勢いよく走っている。

「ヤバイ……列車、間違って、乗ってる……かも」

「そうですね……」

相変らずひょうひょうとしている。

次の駅で降りて、バスに乗り換え、アムステルダムに向かうが、途中で何回もバス停で止まるので、「おかしいよね」と思っていた。

ターミナルで聞いて乗ったバスが……空港直行便でなくて街中を循環しながら空港に行く各駅停車のバスで……どれぐらい時間がかかるか？判らない。

胸が詰まるような思いをおおい隠すように、バスの車窓越しでオランダの街中の景色をぼんやりと眺めていた。

それでも……何とか一時間前にアムステルダムの空港に着いた。

そして……ジリジリしながら、圭司君、雅和君よりも早く走り、受け付けカウンターの前に……前にいた人の受け付けが終わるのをイライラしながら待っていた……。

その時、本当に……その時でした。

受け付けの女性が「ワオッ」と奇声を発して肩をすくめた。

「○×※○×※——」

何を言っているのか判らなかった……実は……その時……全ての受付カウンターのコンピューターがフリーズして機能しなくなってしまったのだ。

頭に何かがカーーと上がってきて、思わずチケットを指さしながら日本語で、

「見てーー」と言った。

カウンターにいた女性は面倒くさそうな顔でチケットを受け取り、チェックした……。

「オーーッ」と言って反対側のカウンターを指さし、「あっちに……早く」と……多分……言ったと思う。

大急ぎで反対側のカウンターに行って、三人のチケット見せた。カウン

ターにいた、ちょっと太りぎみの男が太りぎみの指で×を作り、ダメだという事を示した。

その瞬間、焦った気持ち、イライラした感じ、緊張していた身体……全てのストレスが一気に引いた。

居直ってしまったのだ。

「人事……尽くして、天命と思い、諦める」

とりあえず次の日のフライトを予約。乗り遅れてしまったチケットは無効となってしまった。

何と、責任を感じて圭司君が三人分のチケット代を支払ってくれた。

なんと気前もいい奴だなあと感心した。

「もうこうなったら……観光だあー」

「アムステルダムだあーー」

「イヤアッホー……アムステルダム」

まずはホテルを予約して「アムステルダムの街に行こう」となった。

アムステルダムの駅から数分歩くと「飾り窓の世界」が存在する。それを見に行きましょうと三人で駅からそこに向かった。

駅の近くに立派な教会が立っていて、その教会の前を歩いていた時、圭司が「教会に行きましょう」と言った。

「圭司‼　お前……教会が好きなの？」

「いやあ……それほどでも」

「そうか入ってみるか」と言って薄暗い聖堂の中に入って行った。

聖堂ではちょうど……いいタイミングで「夕のミサ」が始まるところだった。

最前列の椅子に座り、目の前の聖書を置く幅の狭い机に頭を押しつけて、夕のミサの讃美歌を聞いた。

頭の中がグルグル回り始め……あの黒い騎士団のビジョンが浮かんだ。

数千の裏切りの軍団に十三人で突っ込んでいく。

心を許した信頼できる部下達も恐れることなく死出の突撃に……。

その時、今までと違うビジョンが……後ろを確認した時に一人の部下が盾を持っていたビジョンが出てきた。

その盾の模様がフクロウ模様の盾だったのを見た。

そして目を開けて聖堂を見回したら……なんと……同じ模様が聖堂の壁に飾られていたのだった……。

そうか!!　あのビジョンはオランダだったんだ。いつか、オランダに来なければならないかもと思った。

輪廻転生を私は、頭のどこかで信じている。確かにあるかもしれないと思う。例えば、雨の中で傘をさして歩いている人の傘の先が目の前にくると、何故か？　異常にイラッとするのだ。

切っ先恐怖症と言う症状らしい。理由は判らない。

高所恐怖症もそうだと思う。高いところに立って下を見下ろすと、飛び込まなければと思ってしまい怖くなる。多分、前世で飛び込んだ記憶があるのだろう。

しかし、精神世界の多くの人が前世の事に捉われすぎると思う。前世の事は前世で終焉しているはずだと考える。

この世は、ある役割が終わった時に、その命を終わらせるものだと思う。前世にあまりこだわっていると、今生の役割が全うできなくなると思うのは、私だけ？

# 第七章　マクロバイオティック

## マクロバイオティックとの出合い

いつも、私は何か分からない力がはたらいているような形で物事が進んでいく。突然の一本の電話で人生が大きく変化してくる事が多いのだ。マクロバイオティックもそうだった。

「東京の建入です、錬堂さんお久し振りです、お元気ですか？」

「ハイ相変わらずです」

「それは良かった、実はですね錬堂さんの家に近い中伊豆荘と言う所で久司道夫さんと言う人が、食事療法のセミナーを開催するんです。錬堂さんに向いていると思うので詳細のパンフレットを送りますね」

「ハア……食事療法ですか？」

そのころ、我が家は経済難でセミナーを受けられるような状況には無かったのだ。二日後に送られてきたパンフレット。

四泊五日の食事理論、マクロバイオティック、講師　久司道夫先生　ボス

トン在住　何だろう？　マクロバイオティックって？

費用を見たら一七五、〇〇〇円　そんな高い金額なんだと思った。

「これは無理だよ」と即刻、判断した。

その話をカミさんに話したら、同じように
「行くにも、今、家にはそんなお金が無いものねえ」

「そうだろう、無理に決まってる、この話無かった事にしよう」

でも、何故か？　この話は気になっていてリビングのテーブルに数日間は置いたままになっていた。

セミナー開催まで一週間前になった午後
「チーフ、ちょっといい？」

仕事中、カミさん声をかける。

面倒くさい気持ちで
「なんだ」と言ってしまう。

「実はね、さっき、ちょっと仏壇を掃除していたら、こんなものが出てきたのよ」

「だから……なんだよ」

「農協の保険の証書」

「それが……どうしたの？」

お菓子作りに集中している時に声をかけられたりすると、発達障害的な私はイライラするのだ。

そんな状況を無視して、カミさんが話を続ける。

「ほら、この家を建てたときに農協に高額のお金の借り入れをしたでしょ、その借り入れの返済がある間、万が一死んだ時にその保障のための保険に入るのが借り入れの条件だったのよ」

「その保険が満期になっていて、二十万円があるの」

「それは良かったなあ、溜まっている支払いにまわせばいいじゃん」

このころ、我が家は借金の返済で月々の支払いがきつく、相当に経済的に四苦八苦していた。

「ウン、でもね、偶然、出てきた、この金額は、そのマックロ、なんとかのセミナーの参加費にあてられるでしょ」

「うーーーん、訳がわからん、そのセミナーに行くよりは業者に支払いをした方が店は楽になるだろ」

「いや、多分、そうじゃなくてそのセミナーに行けという流れになっているんだよ」

「そうなのかなあーー」

「いや絶対、そういう意味なんだよ」

カミさんは別にバリバリの精神世界にいる訳ではないが、何故か達観しているようなところがあって、大局的にものを見て話すことがある。

結局、モヤモヤしながらも、そのお金でマクロバイオティックのセミナーに行く事となった。

セミナー会場は家から四十分ぐらい山に入った、中伊豆荘という国民宿舎だった。

玄関に入っていくと、二人の女性が机を前に受付で待っていた。

「杉本ですが……」

「ハイ、杉本さんですね」

と返事をしてくれたが、その女性が私の顔を見つめたまま動かなかったので、

「ハッ？　何でしょうか？」と聞いた。

女性はわれに帰ったように
「あっなんでもないです、杉本さんですね？」

と答えてくれ、コピー用紙に印刷した十数枚のテキストを渡してくれた。振り込み期間が終わっていたので参加費は封筒に入れて現金で渡した。重い、重い封筒だった。

ちょっと緊張しながら会場に入っていくと、先ほどの女性が私の顔をじっと見つめた理由がわかった。

私だけが浮いている感じだったのだ。

参加者は十七人で、私以外は顔色が青白い人や、元気のなさそうな人、ショボショボしている人、からだに問題のある人ばかりで、陽に焼けて浅黒い私は周りになじまないタイプだったからだった。

そんな中でセミナーが始まった。最初のカリキュラムは調理理論、野菜の調理法だった、講師はからだの小さい気の良さそうな老婦人の山本祥園先生。

初めて聞く調理法に驚いた一物全体、野菜をまるごと全て使う理論で、例えば大根は葉っぱ、皮、実に生えているヒゲまで使うと言う理論だ。

わざわざ口に引っかかるようなヒゲまで料理に入れなくてもいいのに、あーーーなんで？　こんな話を聞きに来たんだろう？

それも大事なお金を費やして……。

なんのために？　今の時点でセミナーを止めますと言ったら、お金を返してくれるかな？　と考えながらセミナーを聞いていた。

マクロバイオティックのテキスト

## 久司道夫先生

午後から久司道夫先生のセミナーが始まる。

久司先生がセミナールームに入って来た。年の割には背が一八〇㎝くらいの長身で細身、背広をきちっと着て、渋いネクタイを締めて颯爽と歩いて来た。

目を見て驚く、どこを見ているのか判らない。ある意味、いっちゃってる様な目つきをしている。

大丈夫なのかなあーー
と思わず口の中で呟いてしまった。

マクロバイティックは「食養生」と言って、桜沢如一さんと言う人が確立した食事理論で、久司先生は桜沢先生の弟子でアメリカに渡りヒッピーの人達を通じて、世界中にマクロを広げた人だった。

その理論は食事理論にとどまらず宇宙の摂理、地球の摂理、そして哲学までにも及ぶ。

しかし、その当時、私はそんな事には興味も持たず、言っている事のほとんどが意味の解らない話で、私が、どうして？　この奇妙な食事理論を学ばなければならないんだろうか？　それも、貴重なお金を使ってまで。

やりきれない気持ちのまま、三泊四日のセミナーが終わろうとしていた最終日、一人一人がセミナールームの前に出て、久司先生の個人診断が始まった。

ドクターに見放されたガン患者、難病の人、不調を抱える人達が次から次へと前に出て、食事方法や日常の過ごし方などをアドバイスしていく。

そして、いよいよ私の番が来た。

今の健康度を考えてみて、絶対になんの問題も無く、なんのアドバイスも無く、なにも言われないだろうし、指摘もないに決まっている。

そんな風に、思っていた。

「杉本さんですね、今日から一切の肉をやめて貰います」

「…………ハアッ？」

即座に「無理です」と大きな声で叫ぶように答えた。

多分、今までのセミナーでこんな返事をした人は、いなかっただろうと思う。

叫んだあと小さな声で

「無理です、私はミートリアンなんです。

肉が大好きで朝からすき焼を食べてしまうし、

夏は月に五回以上はバーベキューをするし、

週に一回は焼肉を食べに行くような生活なんです」

一息で一気に答えた。

久司先生はその特殊な視線で私を見つめ

「なるほど、しかし——君は人が見えないものが見えてるし、人が感じない事を感じてる、その力を使って、これから多くの人を助けなければならないのだよ」

「…………」

「だから、今日から肉を一切やめて貰う、そのかわり、これから開催する日本でのセミナーの参加費はいらないから」

エッ？　マクロバイオティックを、これからも……やるの？

そんな事はありえない。

肉だって、絶対にやめられる訳がない。

納得のいかないままに、個人診断は終わった。

打ち上げの時に、三泊四日で気持ちの通じ合った参加者の仲間達には、「杉本さん、凄いじゃないですか、クシ先生に認められて羨ましい」と言われても、釈然としなかった。

家に帰って呆然としていたら、カミさんが「どうだったの？　セミナーは」と早速、聞いてきた。

それは当たり前の事だ。セミナー参加費を店の支払いにまわしたら、どんなに精神的に楽だった筈だから。

「イヤアーどうもこうもないよ、肉を一切、食べてはダメだって」

「エーーーーそんな無理でしょ」

と言いながら顔は笑っていた
「でもね……肉を食べるのを、少しだけやめてみようと、思うんだよ」

肉を食べない三泊四日だった事を知っているので、用意してくれた大好きな豚肉のピカタを横目に言った。

それからはマクロビの玄米菜食まではいかないけど、全ての肉、豚、鳥、牛、肉汁の入ったもの、コンソメまで、はては弁当にウインナーソーセージが一本入っただけでそのお弁当は口にしないという生活を始めた。

三か月経った頃には六十七kgあった体重も六十kgをきってしまうほど痩せて、からだはいつも冷え切って寒かった。

パワーも落ちてウェイトトレーニングをしても、今までの重量は持ち上げることも出来ず、果たして、これで大丈夫なのかなと不安になってしまったが、ある日、テレビを見ているとウェイトリフティングの大会の中継を

やっていてロシアの選手が優勝。体重が一〇〇kgでかなり太め、その時、アナウンサーが

「この選手、この体格ですが野菜しか食べていない選手だと言う事です」

と言うのを聞いて、ひょっとしたらマインドでからだも変わるのかもしれないなと自分に言い聞かせたら、一か月後には体重は元通りのレベルまで戻り、元通りのパワーを出せるようになった。

マクロビは一九九五年から二〇〇二年まで、久司先生の日本ツアーのアシスタントを務め、私の仕事は、朝晩の免疫を高めるためのエキササイズの指導。調理のお手伝い、そして参加者の話し相手がわたしのアシスタントの役割だった。

七年、あの日本ツアーのあいだにマクロの本質に触れ、その深さを知った。その理論はワシントンDCのスミソニアン博物館に入ったほどの理論なのだ。

マクロを始めたばかりで激痩せした著者

# クビ

二〇〇二年、横谷温泉でのセミナーの時に、久司先生に呼ばれた。そんな事は、あまり無い事なので、ドキドキしながらセミナールームになっている旅館の一室に入っていった。

和室の部屋だったけど、畳の上に机と椅子を置いた、事務局のような使い方をした部屋だった。

そこに……椅子を引いて、座った。

人前ではタバコを吸う姿は見せないけど、クシ先生はかなりのヘビースモーカーで、器用に箱から一本のタバコを出して、その細くて長い人差指と中指でそれを挟み、口にくわえて火をつけた。

ゆっくりと煙を吐きながら

「君は、私が教えていないような事を参加者に伝えているそうだね」

その容姿にピッタリの低くて渋い声で、言われた。

沈黙の中で、「あーーいつか、こんな局面を迎えるだろうな」と思っていたので

「ハイ、辞めましょうか?」

と短く言った。

「あ、そうしてくれるか」

「では、失礼します」

と言って、立ち上がり部屋を出た。

クシ先生とはそれっきりとなってしまった。

二〇〇〇年を越えた頃から、マクロをやっていて、元気になって病気を克服した人もいるけど、マクロを始めても反対にどんどん元気が無くなって、弱っていく人が多かったので、何となく疑問を抱くようになってしまったのだ。

その上、いい加減な感覚を持っている私に、参加者の何人かが相談に来ていた。

「杉本先生、実は……昨日、我慢しきれなくなって肉を食べてしまったんです」

「なんだとーー肉を……食っただだと……美味しかった？」

「イエ、怖くて飲み込んでしまいました」

「エーーーよく噛まないと、ちょっとぐらい、食べたかったら、肉だって食べていいんだよ。習慣にしなければ」

「エッ、本当ですか？」

「ウン、そうだと思うよ、人だから、どうしても、食べたかったら……食べた方が、後悔が無くていいと思う」

そんな会話をするような事が、多くなってきてしまったのである。

多分、これではセミナーが成立しないと判断したんだろうと思う。

クシ先生の日本ツアーのアシスタントは七年続けて、終了した。

しかし、マクロに出会ってからの二十二年間は、肉類も肉汁を使った食べ物は一切、口にはしなかった。

# マクロバイオティックで発想したこと

二〇一六年十一月十五日、夜明け前に目が覚めた。寝たのが遅い時間だったけど、嘘のようにからだと頭はスッキリとしていた。

毎朝、気持ちよく起きるが、この朝は格別だった。

秋も深まり、朝晩が寒くなってきていた。

藍染のパンツを履いて厚めのパーカーを着て、リビングのソファに座り、窓から東に目を向けた。

水平線にうっすらと紫色の線が入っていた。

「かぎろひ」の時間だった。

急いで、リビングの電気を切って暗くした。

今朝はいい天気のようだ。

水平線を見つめながら、深い呼吸をした。秋の匂いのする空気が肺中にいきわたって、脳にも涼しげな空気がいきわたる。

その時、「人類は猿の進化ではない」なにかが?、誰かが? 言ったような気がした。

人は猿の進化したものではないって。

なんだろう?

ボーーーとしながら考えた。

そうだーーだから、人によってはマクロの食事理論がピッタリと合っている人がいる。

それは草食系の人だけで、人間の中でも、肉食系や魚食系、穀類系などやナッツが大好きでからだに人達がいるんだ、と発想したのだ。

この局面でマクロに行ったことに感謝した。

origin of life (オリジン・オブ・ライフ)

「人間の原種理論」の誕生である。


(続く)

天城流湯治法全国展開を開始した最初の協力者・荒井ちゃん（左）、下高井戸の本應寺《ほんのうじ》の品愚上人（中央）と著者

## One Coin Books

**ワン コイン ブックス** とは、

手軽に楽しめる錬堂ワールド本として、錬堂自らが著しシリーズで発刊していきます。

**杉本錬堂**（すぎもと　れんどう）

1950（昭和 25）年 静岡県伊東市生まれ 。

海上自衛隊を経てパティシエとなり『菓子の木』を開業（ 27 歳）。45 歳から天城流湯治法としての健康法及び温泉療法をまとめ始める。

2001 年、NPO 法人錬堂塾を設立。2007 年（57 歳） 1 月から全国行脚を開始、4 月にはペルーで開かれた世界民族長老会議に日本からのオブザーバーとして参加。

現在は、天城流湯治司として世界を股にかけ年間 300 日を超える旅を続けている。

**ワン コイン ブックス 4**

**神々の試練** 世界のシャーマンに認められた男

**― 中年期 ―**

令和元（2019）年12月12日 第1刷発行
令和4（2022）年9月15日 第2刷発行

著 者 杉本 錬堂
発行者 斎藤 信二
発行所 株式会社 高木書房
〒116-0013
東京都荒川区西日暮里5-14-4-901
電 話 03-5615-2062
FAX 03-5615-2064
印刷・製本 株式会社ワコープラネット

---



ISBN978-4-88471-459-8 C0123

ワンコインブックス　シリーズ

神々の試練　世界のシャーマンに認められた男

―少年期・青春期1―　既刊（シリーズ1）

―青春期2―　既刊（シリーズ2）

―ヨーロッパ紀行―　既刊（シリーズ3）

―中年期―　本書（シリーズ4）

以下、続く